Mein allererstes

Wörterbuch

Bei der Feuerwehr

Mein allererstes
Wörterbuch
Bei der Feuerwehr

OTUS

Die Feuerwehr feiert

Die Feuerwehr lädt zum „Tag der offenen Tür" ein. Jeder kann kommen und mitfeiern. Die Feuerwache ist zu diesem Anlass besonders schön dekoriert. Es gibt leckere Speisen und Getränke und am Abend spielt die Feuerwehrkapelle zum Tanz.
Aber was das Tollste ist: Man darf sich alles anschauen – Feuerwehrautos, Schläuche, Feuerlöschgeräte, Werkzeuge, Uniformen, Helme und Atemschutzmasken! Man kann beim Zielspritzen mitmachen und dabei Preise gewinnen, in Feuerwehrautos klettern, innen alles auskundschaften und gemeinsam mit den Feuerwehrmännern auf dem Gelände herumfahren. Feuerwehrmann Max führt eine Kindergruppe durch die Feuerwache und beantwortet alle Fragen – und das sind viele, denn die Arbeit der Feuerwehr ist ungeheuer spannend!

Girlande
garland
3 Garagentor
garage door
Vorhang
curtain 4
WILLKOMMEN
Feuerwehrauto
fire engine
Pflanze
plant
Luftballon
balloon
Vogel
bird
Mutter
mother
Blaulicht
flashing light
Kinderwagen
pram
Mädchen
girl
Uniform
uniform
FEUERW

Retten – Löschen – Bergen – Schützen

Rund um die Uhr hält sich die Feuerwehr bereit, unser Leben und unsere Umwelt zu schützen. Am allerwenigsten rückt sie aus, um Brände zu löschen. Bei den meisten Einsätzen handelt es sich um technische Hilfeleistungen bei Unfällen im Straßenverkehr, mit Wasser-, Luft- und Schienenfahrzeugen sowie auf dem Bau, mit Aufzügen und Maschinen. Auch bei Überschwemmungen, Wasser- und Sturmschäden, bei Tierbergungen und bei schlimmen Insektenplagen wird die Feuerwehr gerufen. Und ist die Umwelt gefährdet – zum Beispiel beim Freiwerden giftiger Stoffe, bei aus Fahrzeugen auslaufendem Treibstoff oder Öl auf Fahrbahnen oder in Gewässern – leisten die mutigen Männer schnelle Hilfe.

Immer nach dem Leitspruch: Retten – Löschen – Bergen – Schützen! Feuerwehrmann Max geht mit seinen Gästen ins Freie. „Hier trainieren wir täglich stundenlang, damit im Notfall jeder Handgriff sitzt", sagt er. Dann führen Max und seine Kollegen die wichtigsten Übungen vor.

Traumberuf: Feuerwehrmann

„Wer von euch will einmal Feuerwehrmann werden?", fragt Max. Fast alle Hände sausen in die Höhe, auch die der Mädchen. „Ja, es gibt auch zahlreiche Feuerwehrfrauen. So, hier sind wir bei den Schulungsräumen. Wir haben jeden Tag Unterricht. Bei der Feuerwehr muss man immer wieder Neues lernen", sagt Max. Herr Petersen, der dienstälteste Feuerwehrmann, ist der Lehrer und bildet die Leute aus.

„Was ist eigentlich der Unterschied zwischen der Berufsfeuerwehr und der Freiwilligen Feuerwehr?", fragt ein Mädchen. „Berufsfeuerwehren sind öffentliche Feuerwehren. Es gibt sie in Städten ab 100 000 Einwohnern. Die Feuerwehrleute sind fest angestellt und bekommen ein Gehalt. In Großbetrieben wie Werften oder Flughäfen gibt es auch Werkfeuerwehren. Bei der Freiwilligen Feuerwehr arbeiten die Leute ehrenamtlich, das heißt, sie haben einen anderen Beruf und üben ihre Tätigkeit bei der Feuerwehr ohne Bezahlung aus. Diese freiwilligen Helfer sind aus den Dörfern und Kleinstädten nicht wegzudenken. Die Jugendfeuerwehr ist übrigens ein Bestandteil der Freiwilligen Feuerwehren. Hier lernen Mädchen und Jungen im Alter von 10 bis 18 Jahren alles rund um die Feuerwehrarbeit und können auch schon Einsätze mitfahren.

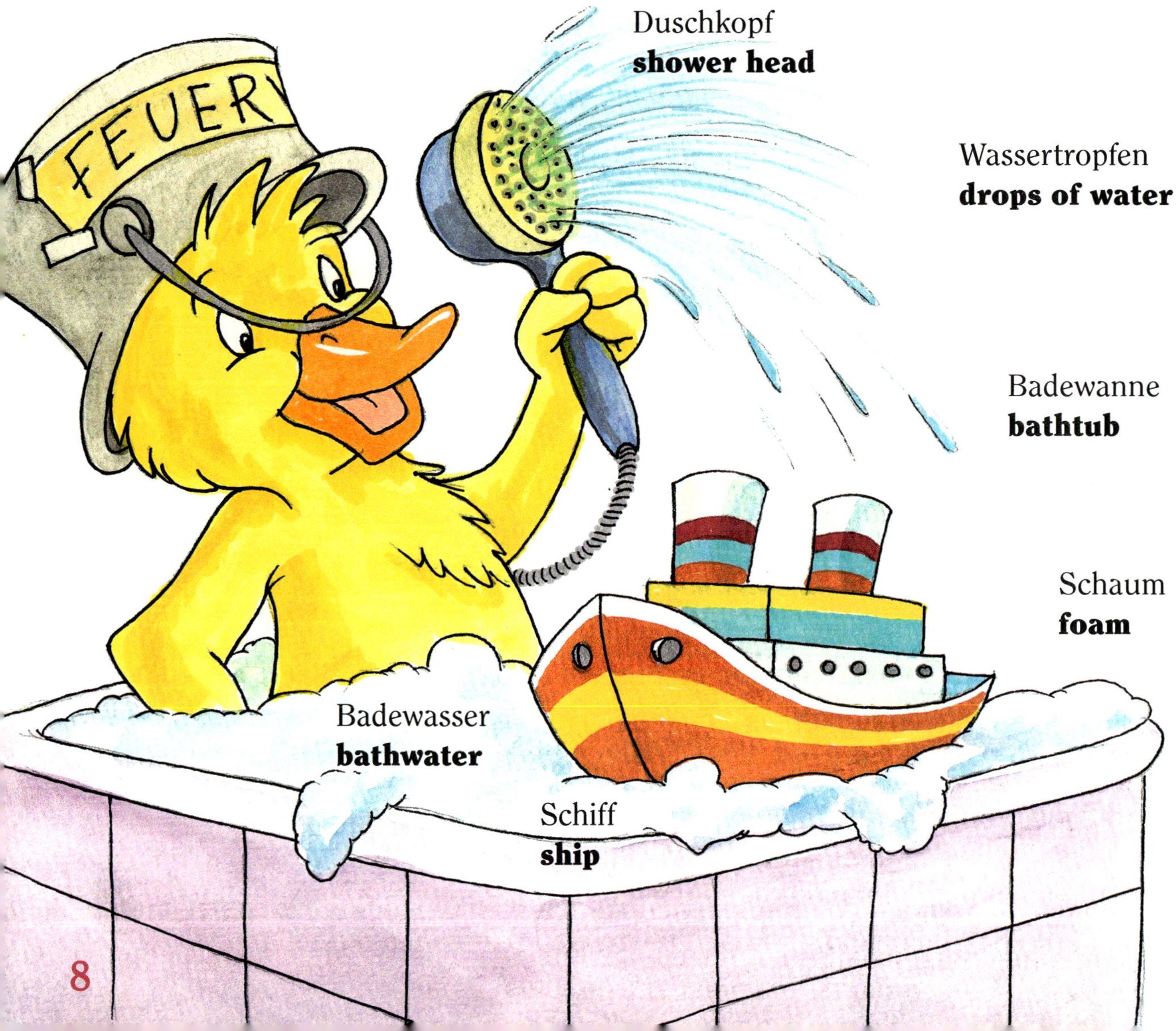

Lehrer
teacher
Hydrant
fireplug
Strahlrohr
jet pipe
Stadtplan
city map
Wasserschlauch
hose
Schüler
pupil
Schulbank
desk
Helm
helmet
Junge
boy

Die Schutzausrüstung

„Wer weiß, was alles zur persönlichen Schutzausrüstung eines Feuerwehrmannes gehört?", fragt Max. Ein Junge meldet sich: „Er hat einen Feuerwehrschutzanzug mit einer Hose und einer Jacke aus schwer brennbarem Material, einen Helm, Handschuhe, eine Atemschutzmaske und die Sauerstoffflasche.“ „Und dann hat er noch einen Sicherheitsgurt, an dem das Feuerwehrbeil und der Karabinerhaken hängen sowie eine lange Feuerwehrleine, die er im Tragebeutel auf dem Rücken trägt. Und dann noch eine Signalpfeife", sagt ein anderer Junge. „Sehr gut!" Max ist begeistert, dass die Kinder so viel wissen. „Für bestimmte Einsätze gibt es noch die Sonderschutzkleidung. Dazu gehören die Hitze-, Chemikalien-, Mineralöl- und Strahlenschutzanzüge wie auch die Insektenschutzkleidung. Manchmal müssen wir uns total vermummen und sehen aus wie Raumfahrer bei einer Mondlandung", lacht Max.

Besen
broom

Schaufel
shovel

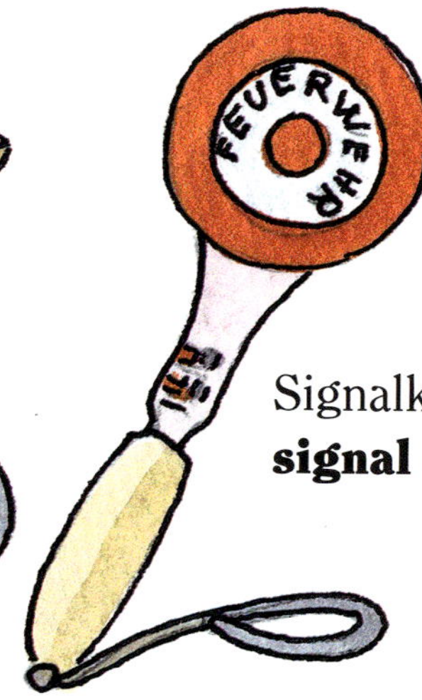

Signalkelle
signal disc

Motorsäge
power saw

Megaphon
megaphone

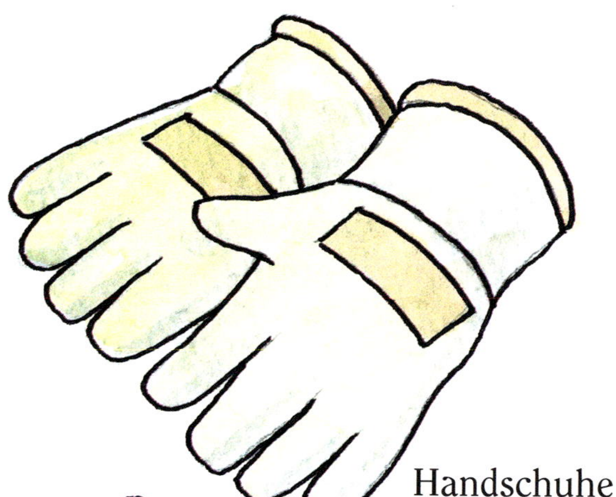

Handschuhe
gloves

Wasserschlauch
hose

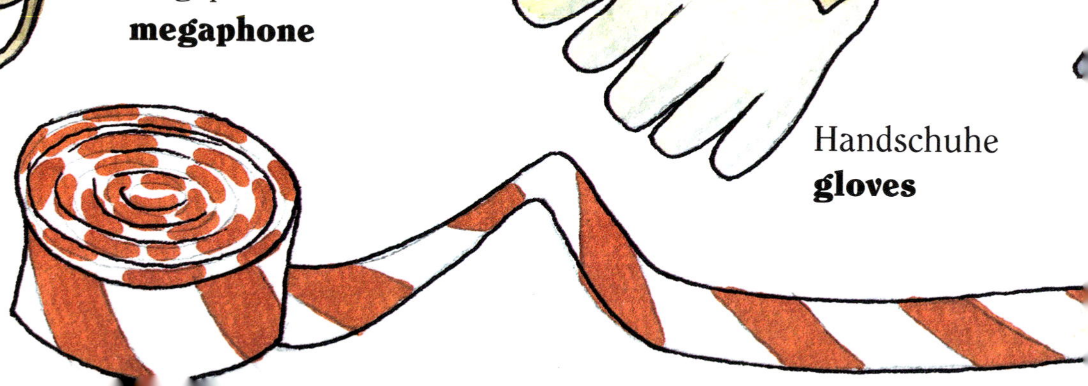

Feuerwehrhelm
fireman's helmet
Visier
visor
Feuerwehrbeil
fireman's hatchet
Pickel
pick
Leitkegel
traffic cone
Schwimmweste
life vest
Feuerwehrgürtel
fireman's belt
Suchscheinwerfer
searchlight
Seil
rope
Karabinerhaken
snap hook
Atemschutzgerät
breathing apparatus
Warndreieck
warning triangle

Die Einsatzfahrzeuge

Max geht mit den Kindern zur großen Fahrzeughalle, wo alle Feuerwehrautos stehen, und erklärt: „Ein Löschzug besteht je nach Einsatz aus drei bis fünf Fahrzeugen mit Mannschaft. Das können zum Beispiel zwei Löschfahrzeuge und eine Drehleiter sein. Dazu kommt immer noch der Einsatzleitwagen. Der ist als Erster am Einsatzort. Im Rüstwagen befinden sich alle technischen Geräte, die bei Unfällen benötigt werden. Löschgruppenfahrzeuge sind mit allem bestückt, was man zum Retten und Löschen benötigt. Die Tanklöschfahrzeuge haben große Wassertanks. So können sie auch da eingesetzt werden, wo kein Zugang zu Wasser, beziehungsweise zu einem Hydranten, besteht.

„Und was ist mit der Drehleiter?", fragt ein Mädchen. „Die Drehleiter ist auf dem Drehleiterfahrzeug fest montiert. Sie ist wohl das vielseitigste Feuerwehrgerät und oft genug der letzte Fluchtweg für Menschen, die von Rauch und Feuer eingeschlossen sind. Es gibt Drehleitern mit und ohne Rettungskorb. So eine Drehleiter kann bis zu über zwanzig Meter hoch ausgefahren werden. Zu den Spezialeinsatzwagen gehört auch der Feuerwehrkran. Ein großer Kran kann bis zu 50 Tonnen bewegen."

„Gibt es noch mehr Spezialfahrzeuge?", will ein Junge wissen. „Ja klar! Zum Beispiel den Turbolöscher. Der zerstäubt Wasser zu winzigen Tröpfchen, die die Flammen in kürzester Zeit ersticken. Er wird bei Tunnelbränden eingesetzt. Oder die Löschfahrzeuge der Flughäfen.

Da gibt es den Panther, der sieht ein bisschen aus wie ein Panzer, ist aber unheimlich schnell und kann 12 000 Liter Wasser, 1 500 Liter Schaummittel und 500 Kilogramm Pulver mit sich führen", antwortet Max.

Drehleiterfahrzeug

Flughafenlöschfahrzeug
„Panther“

Tanklöschfahrzeug

Rüstwagen

Einsatzleitwagen

Beim Fitnesstraining

„Bewegung und Muskeltraining werden bei der Feuerwehr ganz groß geschrieben", sagt Max und führt seine Gruppe durch die Fitnessräume und hinaus zum Trimmpfad. „Alle Feuerwehrfrauen und -männer trainieren regelmäßig für eine gute Kondition, also viel Kraft und Ausdauer. Es wird gejoggt, schwere Gewichte werden gestemmt. Ungeheuer wichtig – überlebenswichtig! – ist das Klettern am Seil sowie das richtige Abseilen. Schwindelgefühl und Höhenangst darf man da natürlich nicht haben. Wenn die Feuerwehrleinen oder die Drehleiter nicht eingesetzt werden können, kommt unsere Höhenrettungsgruppe zum Einsatz. Das sind Spezialisten, die sich auch in extremen Höhen sicher bewegen."

Schwer beeindruckt beobachten die Kinder zwei Feuerwehrleute, die sich zur Übung am Seil über einen breiten Bach hangeln. „So, jetzt zeige ich noch einmal das Zielspritzen", ruft Max und schnappt sich den Schlauch. „Das will gelernt und geübt sein. Denn was nutzt es, wenn man den Brandherd nicht trifft und das Wasser daneben spritzt?"

Karabinerhaken
snap hook
Seil
rope
Hand
hand
Hügel
hill
Stein
stone
Rucksack
rucksack
Mund
mouth
Bach
stream
Böschung
slope
Hose
trousers
Wasser
water
Wiese
meadow
Tropfen
drop
Kopf
head
Wand
wall
Gürtel
belt
Loch
hole
Hemd
shirt
Gras
grass
Schuh
shoe

Hilfe, es brennt – was muss man tun?

Natürlich sofort die Feuerwehr verständigen – über ein Telefon, ein Handy oder von der nächsten Telefonzelle aus. Man wählt die **112** in Deutschland, die **118** in der Schweiz und die **122** in Österreich. Wichtig ist, dass man ganz ruhig bleibt und die drei „**W**s" beachtet. Nämlich: **Wo** ist etwas passiert? Man nennt die genaue Adresse. **Was** ist passiert? Man berichtet genau, was man gesehen hat. **Wer** ruft an? Man sagt seinen Namen und wartet unbedingt weitere Fragen der Feuerwehrleute ab.

In öffentlichen Gebäuden befinden sich Feuermelder. Bei einem Brand schlägt man die Scheibe mit einem harten Gegenstand – niemals mit der Hand oder dem Ellenbogen! – ein. Durch das feste Drücken der Alarmtaste wird die Feuerwehr sofort alarmiert.
Die Leute in der Einsatzzentrale sorgen dafür, dass Feuerwehr und Sanitäter bereits wenige Minuten später auf dem Weg zur Unglücksstelle sind.

Alarmglocke
alarm bell
Stange
pole
Stadtplan
city map
Feuerwache
fire station
Notruf
emergency call
Schutzausrüstung
protective equipment
Feuerwehrhelm
fireman's helmet
Feuerwehrmann
fire fighter
Schrank
wardrobe

Feueralarm – ein Notfall!

Großalarm in der Einsatzzentrale! Sofort schaltet sich in allen Räumen der Feuerwache das Alarmlicht ein und die Alarmglocke schrillt. Max und seine Kollegen rutschen an den Rutschstangen von den oberen Geschossen direkt in die Fahrzeughalle im Erdgeschoss. Schnell streifen sie sich ihre Schutzkleidung über, setzen ihre Helme auf und rennen zu den Einsatzfahrzeugen. Mit eingeschaltetem Martinshorn und Blaulicht fährt der Löschzug los: zuerst der Einsatzleitwagen, dann die Löschfahrzeuge und dahinter das Drehleiterfahrzeug, das Tanklöschfahrzeug und der Rüstwagen.

In jedem Löschfahrzeug sitzt eine Löschgruppe. Sie besteht aus dem Gruppenführer, dem Maschinisten und je zwei Mann Angriffstrupp, Schlauchtrupp und Wassertrupp. Der Wassertrupp muss für das Löschwasser sorgen. Der Schlauchtrupp legt die Schläuche vom Fahrzeug zur Brandstelle und setzt den Verteiler. Der Angriffstrupp rüstet sich mit dem Strahlrohr aus, sucht den Brandort nach Personen ab und bekämpft die Flammen. Wenn weitere Schläuche verlegt sind, helfen auch der Wasser- und der Schlauchtrupp bei der Brandbekämpfung. Jeder Feuerwehrmann kann die Aufgaben des anderen übernehmen!

Die Schule brennt!

Dicke Rauchwolken quellen aus den Fenstern, als Max mit dem Löschzug eintrifft. Herr Weber hat die Feuerwehr vom Telefonhäuschen aus angerufen. Frau Liliental, die Schuldirektorin, hat die Feuerwehr ebenfalls alarmiert, indem sie den Feuermelder eingeschlagen und den Knopf gedrückt hat. Jetzt steht sie am Fenster im Erdgeschoss und winkt die Feuerwehrleute herbei. Lisa ist ganz schnell aus der Schule gerannt und freut sich, dass die Retter schon da sind. Auch Berti läuft schnell ins Freie.

Oben im ersten Stock ruft Eddi um Hilfe. Er und sein Freund Pit können nicht mehr aus dem Klassenzimmer heraus, überall lodern schon die Flammen. Während die Aufregung in der Schule groß ist und alle um die Rettung der Schüler bemüht sind, schaut der neugierige Herr Meier im Nachbarhaus aus dem Fenster und beobachtet, was geschieht.

Schulgebäude
school building
Fenster
window
Feuer
fire
Eingang
entrance
SCHULE
Kind
child
Kleid
dress

Das Gebäude wird geräumt

In der Schule klingeln alle Alarmglocken. Nach der Anweisung der Lehrer verlassen die Schulkinder das Gebäude. Die Fluchtwege sind deutlich durch Richtungspfeile gekennzeichnet. Dabei gilt es, die Ruhe zu bewahren, ordentlich hintereinander zu gehen und auf gar keinen Fall zu drängeln oder zu schubsen. Die Gefahr, dass jemand stolpert, hinfällt und von den anderen überrannt wird, ist sonst groß. Frau Merkel, die Deutschlehrerin, und Herr Gans, der Mathelehrer, achten darauf, dass die Räumung der Klassenzimmer funktioniert. Dann laufen die beiden Lehrer mit den Kindern nach draußen. „Bleibt am offenen Fenster, die Feuerwehr hilft euch sofort", ruft Herr Gans Eddi und Pit zu.

Wie verhält man sich bei Feuer?

- Ruhig bleiben und die Feuerwehr rufen.
- Nicht versuchen, den Brand selbst zu löschen.
- Sich selbst und andere in Sicherheit bringen.
- Fenster und Türen schließen.
- Sofort das Haus verlassen.
- Keine Aufzüge benutzen.
- Der Feuerwehr den Weg zur Brandstelle zeigen.
- Bescheid sagen, ob und wo jemand vermisst wird.
- Notwendige Schlüssel bereithalten.
- Ist der Fluchtweg versperrt, einen sicheren Raum aufsuchen, die Tür schließen, wenn möglich, die Tür unten mit feuchten Lappen abdichten.
- Das Fenster öffnen und um Hilfe rufen.
- Bei starker Rauchentwicklung auf den Boden legen. Hier ist der meiste Sauerstoff. Nach Möglichkeit das Zimmer am Boden kriechend verlassen.

Alarmglocke
alarm bell
Klassenzimmer
classroom
Tür
door
Feuermelder
fire alarm
Pinnwand
pinboard
Schulkinder
schoolchildren
Glasscherbe
piece of broken glass
Lehrerin
teacher
Nase
nose
Kopf
head
Finger
finger
Teppich
carpet
Bluse
blouse
Arm
arm
Schüler
pupil

Der Sprung aus dem ersten Stock

In Windeseile haben Max und seine Feuerwehrkollegen die Schläuche an den Hydranten angeschlossen. Feuerwehrmann Benno spritzt das Wasser durch das Strahlrohr zielgenau in die Flammen. Die Retter Eberhard und Robert machen Eddi und Pit Mut, in das Sprungpolster zu springen. Pit ist der mutigere von beiden, er springt zuerst. Dann fasst sich auch Eddi ein Herz und landet ohne Probleme auf der Gummi-Insel. Die Feuerwehrleute atmen auf.

Qualm
smoke
Gebäude
building
Feuer
fire
Junge
boy
Wasser
water
Haus
house
Fenster
window
Mädchen
girl
Bürgersteig
pavement
Schutzanzug
protective clothing
Maus
mouse
Bordstein
kerb

Alle sind außer Gefahr

Der Rettungswagen ist eingetroffen. Die Sanitäter leisten Eddi und Pit erste Hilfe und bringen sie dann ins Krankenhaus. Frau Liliental informiert die Eltern der beiden Jungen. Ein Reporter ist schon zur Stelle und will alles fotografieren. Die Polizei muss ihn vom Brandort fern halten, da er die Arbeiten stört und sich zudem selbst in Gefahr bringt. Ein Feuerwehrmann steht auf der Drehleiter und kämpft sich durch den Qualm. Er muss sicherstellen, dass wirklich niemand mehr im Gebäude ist. Seine Kollegen betreten das Schulgebäude von unten. Zum Schutz gegen den giftigen Rauch tragen sie Atemschutzgeräte. Nachdem die Löscharbeiten beendet sind, bleibt eine Brandwache am Brandort zurück, falls das Feuer wieder aufflammt. Polizei und Feuerwehr untersuchen den Brandort und ermitteln, wie das Feuer ausbrechen konnte.

Feuerlöscher
fire extinguisher
Qualm
smoke
Feuer
fire
Schulgebäude
school building
Leiter
ladder
SCHULE
Treppe
stairs
Megaphon
megaphone
Polizist
policeman
Kamera
camera
Hydrant
fireplug
Reporter
reporter

Alles wird gut

Eddi und Pit liegen mit leichten Verletzungen im Krankenhaus. Eddi hat eine kleine Rauchvergiftung und hustet noch ein bisschen. Seine Mutter ist schon da und überglücklich, dass ihm nichts Schlimmeres passiert ist. Max, der Feuerwehrmann, besucht die beiden Jungs. „Toll, wie ihr in das Sprungpolster gesprungen seid“, sagt er. „Zur Belohnung habe ich euch etwas mitgebracht.” Eddi und Pit freuen sich riesig über die Geschenke. Es sind Modell-Feuerwehrautos. „Und jetzt gibt es auch noch etwas Leckeres zu essen”, ruft der Pfleger, der gerade das Zimmer betritt. „Hier kann man es aushalten”, meint Pit und alle lachen.

Krankenhaus
hospital
Plakat
poster
Licht
light
Tür
door
Haar
hair
Kopfkissen
pillow
Krug
jug
Nachtschränkchen
bedside locker
Essen
food
Mutter
mother
Kleid
dress
Krankenpfleger
male nurse
Schuh
shoe
Fußboden
floor
Geschenk
gift
Hand
hand
Besucher
visitor
Rolle
castor
Helm
helmet

Dachziegel
tile
Dachdecker
tiler
Dachrinne
gutter
2+5
Maler
painter
Glaser
glazier
Leiter
ladder
SCHULE
Tischler
carpenter
Eimer
bucket
Putzfrau
cleaning lady
Pfütze
puddle
Hammer
hammer
Handsäge
handsaw

Schulfrei

Einerseits war es zwar schlimm, dass es in der Schule gebrannt hatte, andererseits freuen sich die Schulkinder jetzt aber über schulfrei, bis das Gebäude renoviert ist. Frau Liliental, die Lehrer und viele Freiwillige helfen den Handwerkern dabei, das Schulhaus wieder herzurichten. Das Dach wird neu gedeckt, die Wände werden frisch gestrichen, Fenster und Türen erneuert. Alles wird blitzblank geputzt. Zum Schluss sieht es viel besser aus als vor dem Brand. Zuletzt kommt noch ein Techniker und bringt den Feuerlöscher. Er hatte beim Brand gute Dienste geleistet, wurde danach gewartet und wird jetzt wieder im Schulgebäude aufgehängt. „Hoffentlich brauchen wir den nie wieder", seufzt Frau Liliental.

Was brennt und was löscht ein Feuer?

Herr Petersen hält heute in der Feuerwache vor vielen interessierten Zuhörern einen Vortrag über Brandschutz: „Feuer benötigt drei Dinge zum Brennen: einen brennbaren Stoff, Sauerstoff und eine bestimmte Zündtemperatur. Man unterscheidet Brände fester, flüssiger und gasförmiger Stoffe. Auch bestimmte Metalle können brennen. Zu den festen Stoffen zählen Papier, Holz, Kohle, Stroh, Textilien. Eben alles, was trocken und daher auch leicht brennbar ist. Flüssige Stoffe sind Öle, Fette oder Benzin. Methan und Propan gehören zu den gasförmigen Stoffen. Zu den brennbaren Metallen zählen Aluminium und Magnesium. Und wie löscht man ein Feuer?", fragt er. „Durch Abkühlen oder Ersticken! Glut wird abgekühlt, Flammen werden erstickt", ruft einer seiner Schüler. „Gut!", lobt Herr Petersen. „Es geht darum, dem Feuer den Sauerstoff zu entziehen. Der hält es nämlich am Brennen. Das älteste, bekannteste und wichtigste Löschmittel ist das Wasser. Bei Bränden von Metallen, Gasen und Flüssigkeiten wie z. B. Benzin wird mit Löschschaum oder Löschpulver gearbeitet. Für spezielle Brände wird auch Löschgas verwendet."

Aus der Zuhörerschaft kommt eine letzte Frage: „Darf man aus dem Haus gehen, wenn das Feuer im offenen Kamin noch brennt?" „Auf gar keinen Fall! Feuer darf nie unbeaufsichtigt bleiben. Also aufgepasst bei allen offenen Feuern wie Kaminfeuer oder Kerzenfeuer. Auch bei Gasflammen und bei glühender Grillkohle. Und noch eines: niemals ein Feuer in Räumen entzünden, in denen trockenes, leicht brennbares Gut gelagert wird – und wenn es nur ein Streichholz ist! Ein Fünkchen genügt und alles brennt lichterloh! Und ganz wichtig: Streichhölzer und Feuerzeuge gehören nicht in die Hände von Kindern."

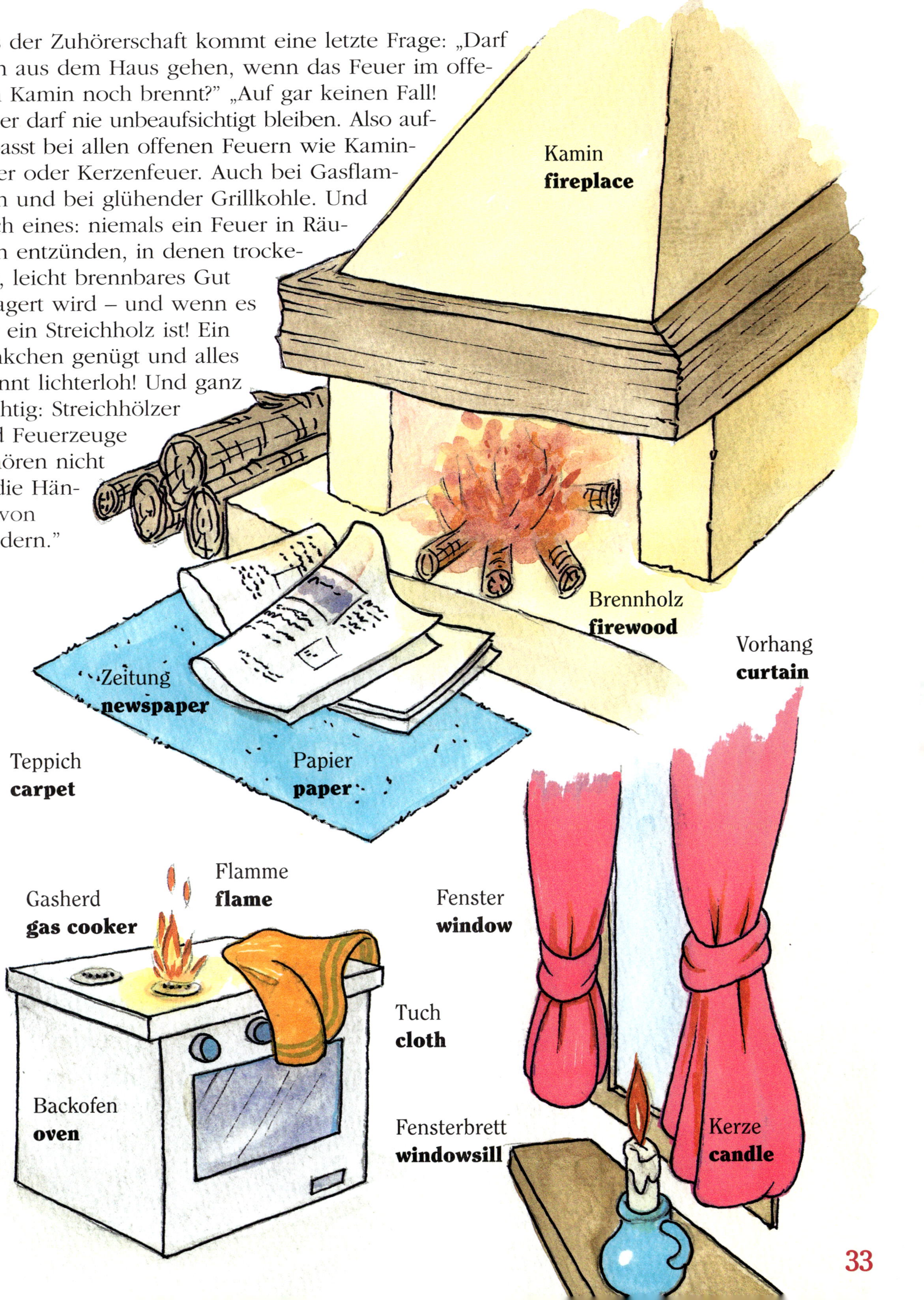

Camping im Wald

Seit Wochen hat es keinen einzigen Tropfen geregnet. Es ist Wochenende und wieder brennt die Sommersonne unerträglich heiß. „Ich habe eine Idee", sagt Herr Wedekind zu seiner Frau. „Wir fahren zum Zelten in den Wald. Dort ist es schattig und kühl." Frau Wedekind packt begeistert alles Nötige zusammen. Nach kurzer Fahrt ist ein geeignetes Plätzchen im Wald gefunden: Herr Wedekind stellt das Zelt auf, Frau Wedekind deckt den Tisch für das Abendessen. Danach sind beide ein bisschen müde. „Ich mach ein Nickerchen", sagt Frau Wedekind und verschwindet im Zelt. „Ich kümmere mich noch ums Lagerfeuer und dann ab in die Hängematte", murmelt Herr Wedekind. Bald schläft er tief und fest.

Baumkrone
treetop
Vogel
bird
Ast
branch
Baum
tree
Busch
bush
Kappe
cap
Hose
trousers
Reh
roe
Hängematte
hammock
Baumstamm
trunk
Flamme
flame
Feuer
fire
Zweig
twig
Lagerfeuer
camp fire
Stein
stone
Igel
hedgehog
Laub
leaves

Der Waldbrand

Das Lagerfeuer brennt und knistert. Ein lauer Wind kommt auf. Funken hüpfen, fallen auf den trockenen Waldboden und überall entstehen kleine Feuer, die sich blitzschnell in gefräßige, lodernde Flammen verwandeln. Es qualmt und stinkt. Herr Wedekind muss husten und wird wach. Erschrocken sieht er, dass die Flammen bereits das Zelt erreicht haben, in dem seine Frau schläft. In letzter Sekunde gelingt es ihm, sie herauszuholen. So schnell er kann, läuft er mit ihr davon. „Ruf die Feuerwehr!", schreit Frau Wedekind angstvoll. Glücklicherweise hat Herr Wedekind sein Handy dabei. Er alarmiert die Feuerwache. Schon bald hören die beiden das Martinshorn in der Ferne. Und auch die Löschhubschrauber kommen schon angeflogen. „Wir sind gerettet!", sagt er erleichtert. „Wieso?", fragt Frau Wedekind. „Weil die Feuerwehr den Brand vom Boden und von der Luft entweder mit Wasser oder mit Löschschaum bekämpft. So ein Löschhubschrauber kann bis zu 5 000 Liter aus seinem Wassertank über einer Brandstelle abwerfen. Hier in der Nähe ist ein See, da kann immer wieder aufgetankt werden. Du wirst sehen, die Leute haben das Feuer bald im Griff." „Wenn du dich in diesen Dingen so gut auskennst, dann weißt du doch auch, dass die Waldbrandgefahr in trockenen, heißen Sommern besonders groß ist. Da darf man doch kein Lagerfeuer machen!", schimpft Frau Wedekind mit ihrem Mann.

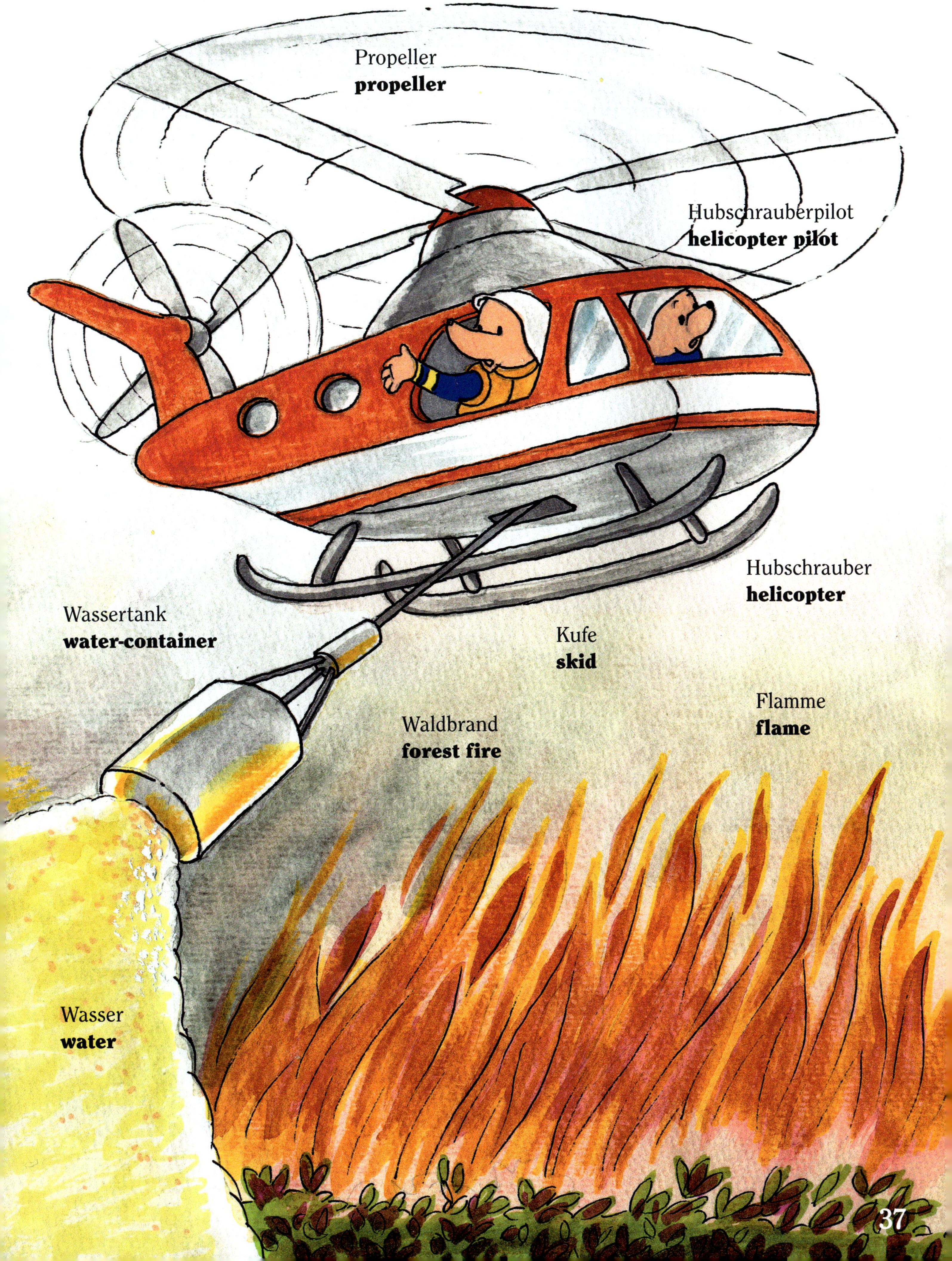
Propeller
propeller
Hubschrauberpilot
helicopter pilot
Hubschrauber
helicopter
Wassertank
water-container
Kufe
skid
Flamme
flame
Waldbrand
forest fire
Wasser
water

Das Feuer ist besiegt

Während die Hubschrauber von oben löschen, arbeiten die Löschtrupps am Boden. Mit an Traktoren angehängten Waldpflügen heben sie eine Schneise aus, um die Brandfläche einzugrenzen. Mit ihren Spaten und Schaufeln werfen sie Erde auf die Schwelbrände, um die Glut zu ersticken. Feuerwehrmann Max bekämpft mit seinem Kollegen Willi das Feuer mit dem Wasser aus dem Löschgruppenfahrzeug. Weitere Feuerwehrleute benetzen das Blattwerk und die Wipfel der Bäume mit ihren Schläuchen, um die Entzündung zu erschweren. Es dauert viele Stunden, bis die Männer den Brand gelöscht haben. Alle sind sehr erschöpft.

Herr und Frau Wedekind waren schnell gefunden. Max und Willi packen die beiden in Decken und versorgen sie mit Getränken. Obwohl keine Verletzungen zu sehen sind, ruft Willi den Rettungswagen. „Man weiß nie", meint er, „in jedem Fall haben die zwei einen tüchtigen Schock bekommen und der muss auf alle Fälle behandelt werden." Dank der Feuerwehr sind bei diesem Waldbrand weder Menschen noch Tiere zu Schaden gekommen.

Prosit Neujahr!

Gerade hat die Uhr Mitternacht geschlagen. In der Georg-Speyer-Straße stoßen die Menschen auf ein glückliches neues Jahr an. Dann gehen sie an die Fenster, auf ihre Balkone oder hinunter auf die Straße, um das neue Jahr mit Feuerwerk und Böllern zu begrüßen und um sich das bunt leuchtende Farbenspiel am Nachthimmel zu betrachten.

Papa Herbert und Sohn Tobi stehen unten auf der Straße und zünden einen Feuerwerkskörper nach dem anderen. Gerade eben hat Herbert wieder eine Rakete abgeschossen. „Sie fliegt ein bisschen tief. Naja, sicher gewinnt sie noch an Höhe", murmelt er und blickt der Rakete skeptisch nach. „Hoffentlich ist das kein Tiefflieger", meint Tobi.

Vorhang
curtain
Buch
book
Feuerwerk
fireworks
Uhr
clock
Wand
wall
Balkon
balcony
Fernsehgerät
television
Flamme
flame
Tür
door
Loch
hole
Glasscherbe
piece of broken glass
Flasche
bottle
Fußboden
floor
Teppich
carpet
Eiswürfel
ice cube
Sekt
champagne
Sektkorken
champagne cork
Sektglas
champagne glass
Sektkühler
champagne bucket
Tischdecke
tablecloth

Der verirrte Feuerwerkskörper

Die Rakete steigt nicht wie geplant in den Himmel, sondern saust ins Wohnzimmer von Familie Kurz und explodiert. Teppich und Vorhänge brennen im Nu. Daniel rennt los und holt einen Eimer Wasser zum Löschen. Mutter Kurz alarmiert die Feuerwehr. Vater Kurz steht draußen auf dem Balkon und sieht mit Entsetzen, was drinnen im Wohnzimmer passiert. Laut ruft er um Hilfe. „Raus aus dem Zimmer! Tür zu. Ich drücke schnell noch feuchte Lappen unter die Tür, damit die Flammen nicht auf die anderen Zimmer übergreifen. Warne die Nachbarn, sie müssen ihre Wohnungen verlassen. Nichts wie runter und raus aus dem Haus!", ruft Mutter Kurz. „Und was ist mit Papa? Wir müssen ihn holen!", schreit Daniel. „Lass ihn, wo er ist. Auf dem Balkon ist er vorerst sicher. Die Feuerwehr kommt sofort", antwortet die Mutter. Zusammen mit den Nachbarn laufen sie eilig die Treppe hinunter.

Glück gehabt!

Die Feuerwehr ist schon da. Feuerwehrmann Max fährt mit der Drehleiter nach oben und holt als Erstes Vater Kurz zu sich in den Rettungskorb. Dann zielt er mit dem Strahlrohr auf die Flammen. Ruckzuck ist der Spuk beendet, die Flammen sind erstickt.

Alle sind erleichtert. Die Nachbarn holen Gläser und eine Flasche Sekt. „Lasst uns auf unsere Rettung anstoßen! Prost Neujahr!", ruft Vater Kurz. „Ich stoße nur mit euch an, Alkohol darf ich im Dienst nicht trinken", sagt Max. „Das war mein erster Einsatz in der Silvesternacht, aber es wird erfahrungsgemäß leider nicht der letzte sein."

Ein schlimmer Verkehrsunfall

Schon seit vielen Stunden ist Pepino Branduardi in seinem Lastwagen unterwegs. Er ist hundemüde und für einen kleinen Moment unaufmerksam. Da passiert es: Der Wagen kommt kurz vor der Brücke ins Schleudern. Obwohl Pepino sofort das Steuer herumreißt, kann er nichts mehr machen. Der Wagen saust die Böschung hinunter. Pepino ist sofort bewusstlos.

Die Feuerwehrmänner Max und Willi kehren gerade von einem Einsatz zurück und sehen den verunglückten Lastwagen, der sich in einer gefährlichen Schieflage befindet. „Ich rufe die Polizei und fordere bei der Feuerwache einen Löschzug und ein Löschgruppenfahrzeug an", sagt Max und greift zum Funksprechgerät. „Ja, und vergiss nicht Rüstwagen, Rettungswagen und Kranwagen", meint Willi, springt aus dem Wagen und läuft zur Unfallstelle.

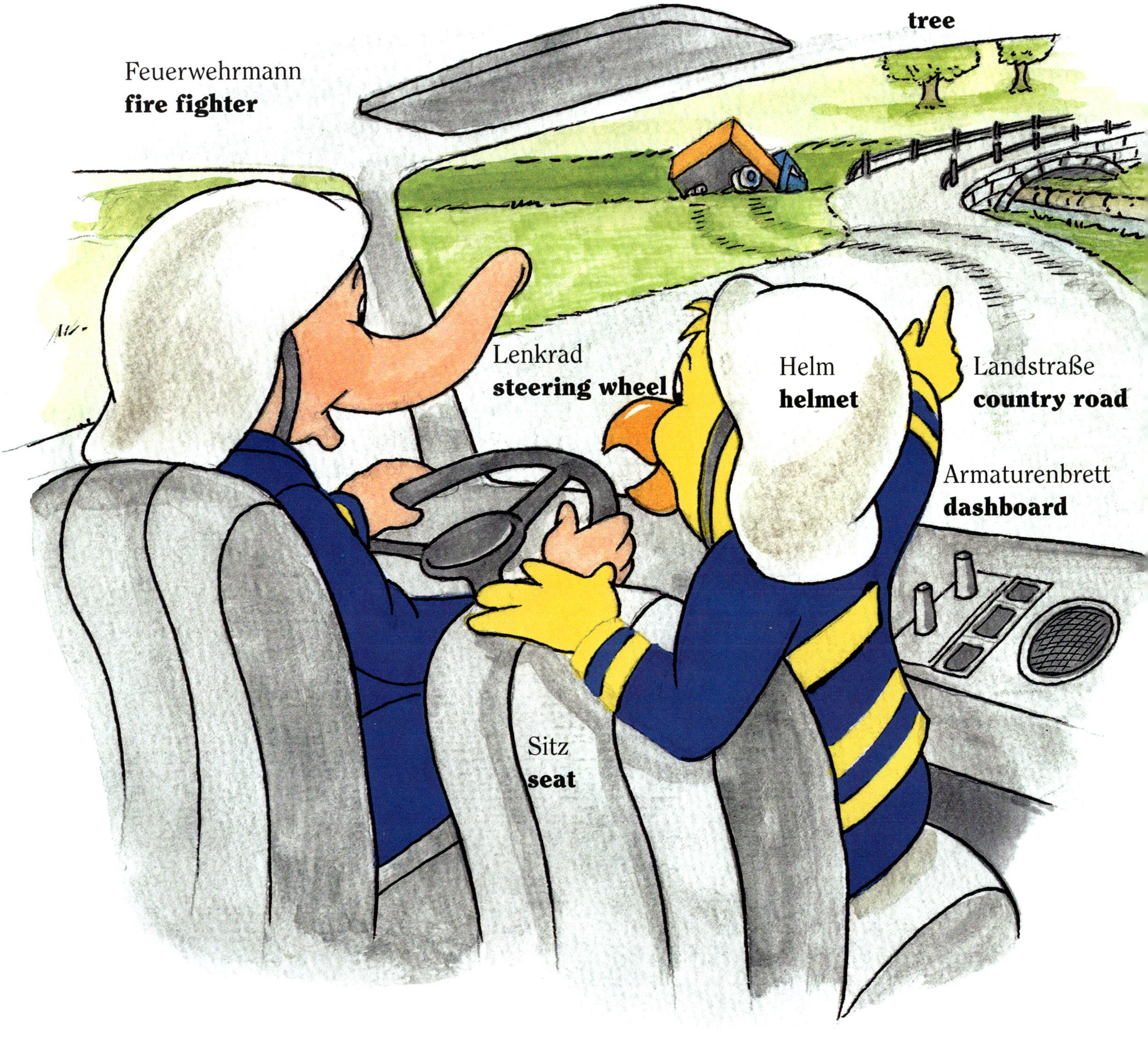

Die Bergung von Pepino Branduardi

„Der Fahrer ist verletzt und bewusstlos. Der Motor brennt!", ruft Willi. Und da kommen auch schon die Kollegen von der Feuerwehr. Jetzt muss alles sehr schnell gehen, jede Sekunde zählt. Die Gefahr, dass der Tank explodiert, ist groß. Jeder weiß, was er zu tun hat.

Zuerst kümmert sich die Feuerwehr um den Fahrer. Mit dem Rettungsspreizgerät und der Brechstange wird die Fahrertür aufgestemmt. Gleichzeitig wird die Unfallstelle gesichert. Überall werden Leitkegel und Warndreiecke aufgestellt. Max und ein Kollege versuchen den Motorbrand zu löschen. Willi gibt dem Kranführer auf dem Kranwagen Anweisungen. „Wir haben die Sache im Griff, der Verletzte ist geborgen!", rufen die Kollegen.

Kranführer
crane driver
Warndreieck
warning triangle
Kran
crane
Brückengeländer
bridge railing
Haken
hook
Kipplaster
tipper lorry
Wasserschlauch
hose
Feuer
fire
Löschtrupp
fire-fighting-team
Fisch
fish
Fluss
river
Böschung
slope

Der Rettungswagen kommt

Die Polizei trifft ein. Sie sichert die Unfallstelle zusätzlich mit den rotweißen Absperrbändern, regelt den Verkehr und fordert über Funk den Abschleppdienst an. Sie tut alles, damit die Unfallstelle schnell geräumt ist und der Verkehr wieder fließen kann.

Der Stau wird immer länger. Einige Autofahrer steigen aus ihren Fahrzeugen aus und laufen auf die Brücke. Die Polizei weist die Schaulustigen an, zu ihren Autos zurückzukehren. Die Gefahr ist nicht gebannt, der Motorbrand ist noch immer nicht gelöscht, das Dieselöl aus dem Tank noch nicht abgesaugt. Nach wie vor kann der Lastwagen explodieren und alle, die sich an der Unfallstelle aufhalten, sind gefährdet.

Auch ein Reporter ist natürlich längst an Ort und Stelle und lässt sich von niemandem aufhalten, ein paar sensationelle Fotos für seine Zeitung zu schießen. Alle Autos fahren zur Seite, als der Rettungswagen eintrifft. Ein Polizist weist den Fahrer in die richtige Parkposition. Notarzt und Sanitäter bereiten alles für den Krankentransport vor.

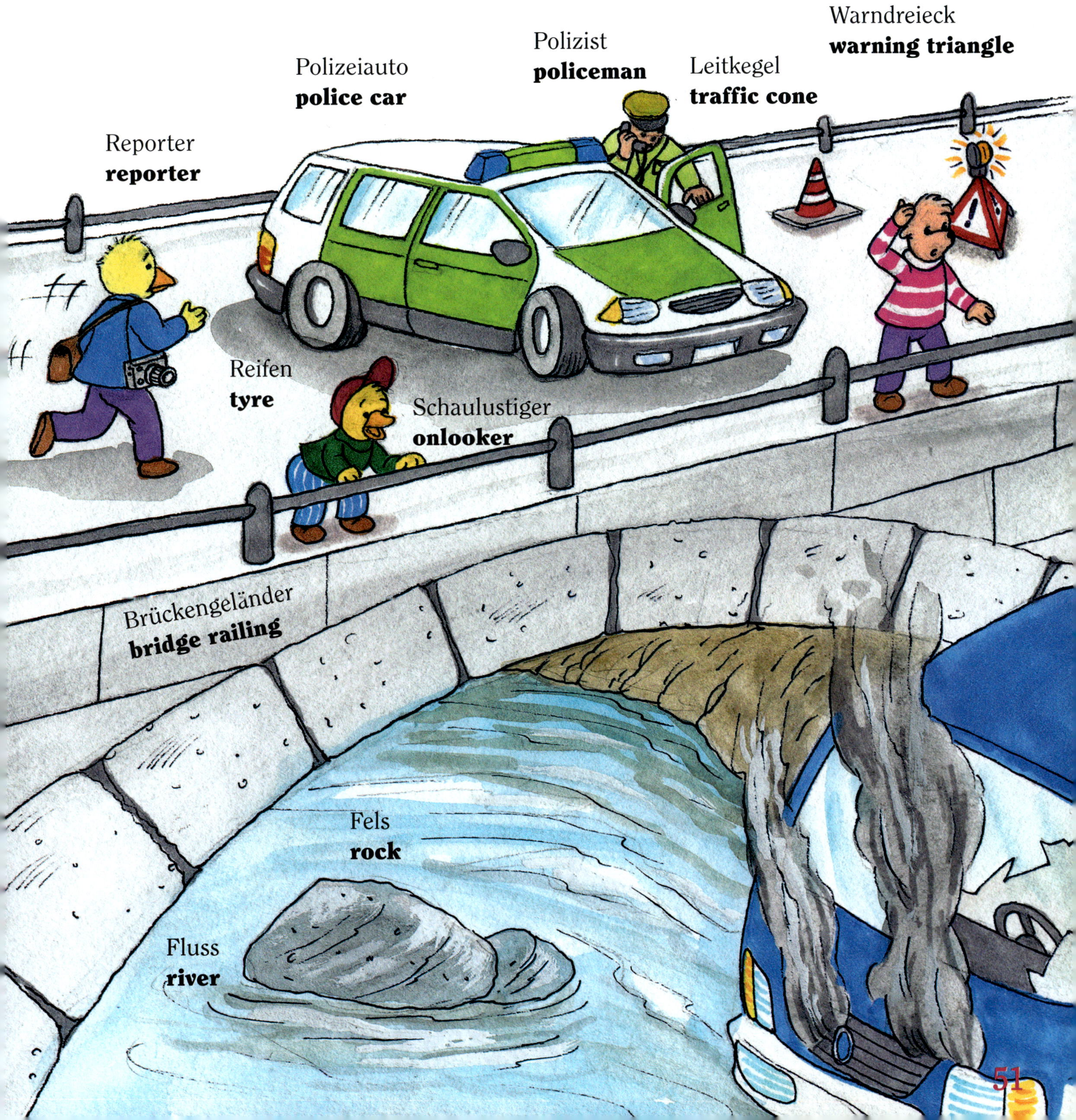

Aktion saubere Umwelt

Pepino Branduardi, wieder bei vollem Bewusstsein, wird auf einer Bahre in den Rettungswagen geschoben. „Alles Gute!", wünscht Feuerwehrmann Benno und schon saust der Rettungswagen los. Der Motorbrand ist gelöscht. Vorsichtig wird der Lastwagen mit dem Kran von der Unfallstelle weggehoben und vom Abschleppdienst übernommen. Leider ist Öl aus dem beschädigten Tank in den Fluss gelaufen. Max und seine Kollegen legen Ölschlängel als Sperre, so wird das Öl eingekreist.

Dann wird es mit Schaufeln abgetragen und in Fässern entsorgt. Bei großen Verschmutzungen setzt die Feuerwehr den Ölsanimat ein. Dieses Gerät saugt das ölverschmutzte Wasser ab. Als zum Schluss auch noch die Unfallstelle geräumt ist, sieht es so aus, als wäre nichts geschehen.

Kater Paulchen auf dem Dach

Ganz aufgeregt ruft Herr Krause bei der Feuerwache an: „Bitte kommen Sie sofort. Unser Kater Paulchen ist irgendwie auf das Dach gekommen und wohl abgerutscht. Jetzt hängt er an der Dachrinne und droht abzustürzen. Das ist sehr hoch, das Haus hat fünf Stockwerke!" Der Feuerwehrmann in der Einsatzzentrale beruhigt Herrn Krause, fragt nach der Adresse und schickt einen Einsatzleitwagen und ein Drehleiterfahrzeug los.
Am Einsatzort angekommen, sperren die Feuerwehrleute einen Teil der Straße ab. Kurze Zeit später ist die Drehleiter ausgefahren. Max und Willi stehen oben im Rettungskorb und retten Kater Paulchen mit einem Netz. Herr Krause und sein Sohn beobachten das Ganze vom Fenster aus. Erleichtert nehmen sie Paulchen in Empfang. Fips, die Maus, sitzt in der Dachrinne und lacht sich kaputt. „Geschieht dem ollen Kater recht, was verfolgt er mich auch bis hierher! Das wird ihm eine Lehre sein und ich hab erst mal meine Ruhe", denkt sie.

Ziegel
tile
Maus
mouse
Pfote
paw
Feuerwehrmann
fire fighter
Schwanz
tail
Katze
cat
Dachrinne
gutter
Netz
net
Vater
father
Sohn
son
Fensterladen
shutter
Baum
tree
Haus
house
Fenster
window

Nora wird vermisst

Frau Möllemann ruft verzweifelt bei der Feuerwache an und schluchzt: „Hier spricht Frau Möllemann aus der Pfarrgasse 1. Mein Papagei Nora ist weggeflogen.“ „Wir helfen gerne, aber solange wir nicht wissen, wo Nora ist, können wir nichts tun”, bedauert der Feuerwehrmann. Da klingelt ein weiteres Telefon. „Ich möchte melden, dass ein Papagei auf einem Baum vor unserem Haus in der Kirchgasse 23 sitzt. Er ist unten gelb-orange-rot und oben blau gefiedert und schreit fürchterlich. Wie es aussieht, hat er sich das Beinchen eingeklemmt”, sagt der Anrufer. Schnell ist klar, dass es sich um Nora handelt. Die Feuerwehr rückt mit der Drehleiter aus. Feuerwehrmann Benno sitzt am Steuer. „Da ist er, ich sehe den Papagei!”, sagt er. Max besteigt den Rettungskorb, Kollege Tom übernimmt die Steuerung. Max muss ganz nah an den Papagei herankommen, um ihn zu befreien.

Frau Möllemann, ihr Enkel Michi, Kater Paulchen, Hund Ernesto, ein Eichhörnchen und die Nachbarn beobachten die Aktion. „Nora ist verletzt", ruft Max nach unten. Der Einsatzleitwagen bringt Frau Möllemann mit ihrem Papagei zum Tierarzt. Er schient und verbindet Noras Beinchen und beruhigt Frau Möllemann: „In zehn Tagen ist Nora wieder fit!"

Ein fürchterliches Unwetter

Der Wetterbericht kündigt das Unwetter schon seit Tagen an. So richtig ernst nimmt das aber keiner. Doch dann kommt es. Zuerst blitzt und donnert es gewaltig, dann stürmt und regnet es unaufhörlich in Strömen, bis die Bäche und Flüsse über die Ufer treten. Der Wind bläst so stark, dass die Ziegel von den Dächern fliegen, alle möglichen Gegenstände durch die Luft wirbeln und sogar uralte, dicke Bäume entwurzelt werden oder in der Mitte auseinander brechen.

Gewitter
thunderstorm
Blitz
lightning
Tür
door
Fenster
window
Hut
hat
Regentropfen
raindrops
Laub
leaves
Maus
mouse

Die Überschwemmung

Der ganze Ort steht unter Wasser! Die Straßen sind überflutet, geparkte Autos schwimmen davon. Die Keller sind überschwemmt. Menschen und Tiere klettern auf die Dächer, um sich vor dem Wasser zu retten. Besonders Kinder und ältere Leute sind gefährdet zu ertrinken. Auf einige Häuser sind Bäume gestürzt, die Gefahr, dass die Häuser unter der Last einbrechen, ist groß. Die Feuerwehr ist mit mehreren Mannschaften angerückt. Die Mannschaften machen sich sofort daran, Menschen und Tiere aus der Gefahrenzone zu bringen. Das Retten von Lebewesen steht an erster Stelle.

Kran
crane
Schindel
shingle
Motorpumpe
power pump
Haus
house
Schwein
pig
Ziege
goat
Fenster
window
Schwimmweste
life vest
Hund
dog
Leiter
ladder
Dach
roof
Seil
rope
Reifen
tyre
Überschwemmung
flooding

Das Dorf wird aufgeräumt

Max und seine Feuerwehr-Kollegen arbeiten mit allen Kräften. Mit dem Rettungsboot holen sie die Menschen aus ihren Häusern, klettern auf die Dächer und bergen verängstigte Tiere, holen das Vieh aus den Ställen. Sie machen sich daran, die Keller auszupumpen und die umgestürzten Bäume zu entfernen.
Nach ein paar Tagen ist von der Überschwemmung kaum noch etwas zu sehen. Die Handwerker erledigen letzte Reparaturen und das normale Leben nimmt wieder seinen Lauf.

Der Bürgermeister lädt zu einer Feierstunde ins Rathaus ein. „Hiermit verleihe ich den Feuerwehrleuten Max, Willi, Benno und Pit die Verdienstmedaille für außergewöhnliche Leistungen. Sie werden für ihren vorbildlichen und mutigen Einsatz und die Rettung von über vierzig Menschen ausgezeichnet", sagt er und gratuliert den vier stolzen Helden.

Register

Alle weiteren Titel aus dem OTUS Verlag findest du im Internet unter www.otus.ch

Illustrationen: ART-GRAFICS-DESIGN, Miguel Epes
Text: Gabriele Jockel

ISBN 3-907200-82-9